© 1997 Schwager & Steinlein Verlag GmbH
Waldstr. 98 · 90763 Fürth
Text: Lale Fröhlich
Illustration: Gerhard Foth
Konzeption: Team Medienservice

Busso im Regenwald

Busso ist ein lieber, kleiner Bär.
Er hat viele Freundinnen und Freunde auf der ganzen Welt.
Eines Tages bekommt er eine bunte Ansichtskarte mit einer großen, bunten Briefmarke.
Vor Freude hüpft er durch den Garten und schwenkt die schöne Ansichtskarte in der Hand.

„Woher mag die Karte wohl sein?" denkt Busso. Vor lauter Aufregung hat er sie noch gar nicht gelesen. Er guckt sich immer wieder das farbenprächtige Bild auf der Vorderseite an: große, grüne Blätter und Blumen in den allerschönsten Farben.

Busso läuft in die Küche und holt sich ein Glas Milch.
Dann macht er es sich im Sessel bequem und beginnt zu lesen.
„Lieber Busso, wie geht es dir?
Was machst du den ganzen Tag? Schaukelst du auch so gern in der Hängematte wie ich?
Unter dem grünen Blätterdach der Bäume läßt es sich herrlich träumen.
Komm mich doch bald besuchen!
Bis bald, ..."

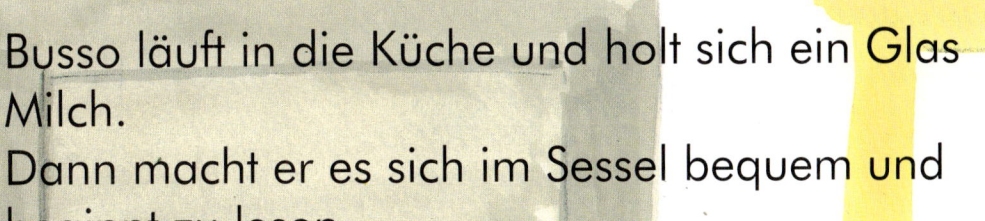

Die letzten Worte kann Busso nicht mehr lesen.
Ein dicker Klecks Tinte hat sie verdeckt.
Trotzdem weiß Busso, von wem die Karte ist.
Sein Freund Kibri hat ihn eingeladen.
Kibri ist ein besonders schöner Kolibri.
Sein Gefieder glänzt in den wunderbarsten
Farben: leuchtendes Türkisblau, kräftiges
Sonnengelb, Purpurrot und Gelborange.
Er lebt mitten im Regenwald.

Busso erinnert sich, als Kibri bei ihm zu Besuch war. Sie feierten ein lustiges Kuchenkrümelfest und spielten Fangen in Bussos Garten. Zusammen hatten sie sehr viel Spaß.
Das liegt nun schon so lange zurück, daß es höchste Zeit ist für ein Wiedersehen.

„Zu dumm aber auch...", denkt Busso, „... warum nur muß Kibri ausgerechnet im Regenwald wohnen! Dort ist es heiß und feucht und so viel Gestrüpp liegt am Boden." Er zieht ein Taschentuch hervor und tupft sich die Schweißperlen von der Stirn. Allein der Gedanke an die glühende Sonne läßt ihn schwitzen.

„Und dann noch der warme Regen!" Busso meint, es regnet dort den ganzen Tag. Schließlich ist es ja der Regenwald. Aber als Busso seine beiden Koffer auf dem Schrank betrachtet, bekommt er plötzlich Lust zu verreisen. Und seinen besten Freund Kibri würde er ja auch sooo gern wiedersehen.

Busso überlegt nicht länger, klettert auf die Leiter und holt die Koffer vom Schrank.
Schnell hat er seine liebsten Sachen eingepackt.
Ein Geschenk für den kleinen Kolibri darf natürlich nicht fehlen. Busso kramt in der Spielzeugkiste, dort findet er einen kaputten Stiefel.

„Der gehört hier aber nicht hinein!" Busso sucht weiter und findet eine alte Holzflöte. „Genau das Richtige für meinen Freund!" sagt er sich und bläst ein paar schrille Töne. Mit ein bißchen Übung gelingt ihm eine Begrüßungsmelodie für Kibri. Jetzt ist Busso zufrieden und legt die Flöte vorsichtig in den Koffer.

Ein Jumbo-Jet bringt Busso über das Meer zu dem kleinen Kolibri im Regenwald. Busso ist noch nie mit einem so großen Flugzeug geflogen. Hoch am Himmel düst es durch die Wolken. Erst als es kurz vorm Ziel tiefer fliegt, kann Busso das Meer durch das Flugzeugfenster sehen.

Der kleine Bär kann es gar nicht mehr erwarten, seinen Freund Kibri wiederzusehen. Ungeduldig rutscht er auf dem Flugzeugsessel hin und her.
Endlich – die ersehnte Durchsage:
„Bitte anschnallen, wir landen in wenigen Minuten!" Busso legt den Sicherheitsgurt an.

Nachdem Busso seine Koffer an der Gepäckausgabe geholt hat, macht er sich auf den Weg.
Der kleine Kolibri wartet schon auf ihn.
Zur Begrüßung hat er seine Freunde mitgebracht.
Kibri und Busso fallen sich in die Arme, lachen, juchzen und hüpfen vor Freude umher.

Busso sieht nach oben und bemerkt das Stoffband: „WILLKOMMEN IM REGENWALD" steht darauf.
Busso lacht und sagt: „Ich habe auch etwas mitgebracht."
Er holt seine Flöte aus dem Koffer und spielt darauf eine lustige Begrüßungsmelodie. Kibri pfeift das Lied mit, seine Freunde klatschen im Takt in die Hände.

Busso ist ein wenig müde geworden von der langen Reise. Kibri bietet ihm seine Hängematte an. „Ich muß noch unser Willkommensfest vorbereiten. Ruh' dich solange hier aus", sagt er.
Busso kuschelt sich in den weichen Stoff und schläft gleich ein.
Er träumt vom Regenwald, in dem es gar nicht regnet – „wenigstens heute nicht", denkt Busso im Traum.

Beinahe hätte Busso das Fest verschlafen, wenn ihn die blaue Schlange nicht geweckt hätte.
Sie kitzelt ihn an der Nasenspitze. Busso muß niesen. „Hatschi! – Hatschii!" Und noch einmal: „Hatschiie!" Jetzt ist er wach und hüpft aus der Hängematte. Neben den großen Blättern entdeckt er ein rundes, durchsichtiges Gefäß.
Es ist voll mit einer pinkfarbenen Flüssigkeit.
„Oh, das sieht aber gut aus!" denkt Busso.

Das Fest hat schon begonnen. Kibri hat auch den großen Jaguar und die beiden Äffchen eingeladen. Die Freunde lachen und tanzen. Sie lassen sich Honig, Nüsse, Früchte und Beeren schmecken. „Paß auf, daß du nicht in die Bowle fällst!" ruft Busso dem Nasenbären zu, der gar nicht genug kriegen kann von dem pinkfarbenen Willkommen-im-Regenwald-Spezial-Nektar. Erst als der Mond groß und leuchtend vom blauschwarzen Nachthimmel herabblickt, verabschieden sich die Gäste und legen sich schlafen. Kibri und Busso haben sich noch viel zu erzählen. Es wird Mitternacht, bis sich die beiden in ihre Hängematte schlafen legen.

Die nächsten Tage verbringt Busso mit dem kleinen Kolibri und seinen Freunden.
An einem kühlen Morgen planen sie einen Ausflug zum nahegelegenen Wasserfall.
„Ein bißchen laufen mußt du schon", sagt Kibri, „aber dafür ist es dort den ganzen Tag über nicht so heiß, und wir haben eine herrliche Aussicht."

Busso willigt ein.
Er trägt sogar freiwillig
den Picknickkorb. Der kleine Kolibri
fliegt vor Freude ein bißchen zu
schnell. Busso hat Mühe, ihm zu
folgen. Schwitzend läuft er hinter ihm
her. „Ich darf ihn nicht aus den
Augen verlieren", denkt er. „Wenn
ich mich verlaufe, finde ich den Weg
zurück bestimmt nicht mehr."

Plötzlich ist der kleine Kolibri verschwunden. Busso weiß nicht, welchen Weg er gehen soll. Er stellt den Picknickkorb auf den Boden und setzt sich erschöpft daneben. Eines der beiden Äffchen schwingt auf einer Liane vor Busso hin und her. „Weißt du, wohin der kleine Kolibri geflogen ist?" fragt er und hofft, daß ihm das Äffchen helfen kann. „Geflie-fla-flogen, hochdroben", trällert das Äffchen, doch den Weg zum Wasserfall kann es Busso nicht beschreiben.

Busso fühlt sich auf einmal sehr allein. Er denkt an zu Hause, an seinen kleinen Garten. „Dort kann man sich wenigstens nicht verlaufen", sagt er laut und ist den Tränen nahe. „Na na!" ruft der große Jaguar hinter den Blättern hervor. Busso hat ihn gar nicht bemerkt, aber er ist sehr erleichtert, als er ihn sieht.
„Zum Wasserfall möchtest du?" fragt der Jaguar. „Warte, dort vorn kommt Kibri."

Ein Glück!
Der kleine Kolibri
hat gemerkt, daß er Busso verloren hat
und ist zurückgeflogen. Busso ist froh.
„Jetzt kann mir nichts mehr passieren",
denkt er.
Kibri fliegt langsamer. Der Jaguar
kommt auch mit zum Wasserfall und
trägt den Picknickkorb. Busso geht es
gut.
Er lacht und freut sich auf das Picknick
und die schöne Aussicht.

Vergnügt laufen die Freunde durch den Regenwald.
Kibri macht öfter eine kurze Pause und wartet auf einem Ast auf den kleinen Bären.
Um die kleine Gruppe herum flattern die bunten Schmetterlinge.

„Dort vorn", ruft der Jaguar, „ich sehe den Wasserfall!" Tatsächlich. Jetzt kann Busso auch das laute Tosen der Wassermassen hören.
Nach wenigen Schritten erreichen sie die Lichtung. Der Jaguar und der kleine Bär blicken über das weite Tal. Vor ihnen stürzt das Wasser in den Fluß hinab.
„Na, was habe ich gesagt – ist es nicht toll hier?" Der kleine Kolibri blickt abwechselnd zu seinen Freunden und zum Wasserfall. „Zum Baden ist der Fluß wohl zu tief", meint Kibri. „Schön ist es hier, toll!" jauchzt Busso. „Und ich habe einen Bärenhunger!" Busso bewundert die Landschaft und freut sich auf das Picknick.

In der Abenddämmerung macht sich die kleine Gruppe auf den Heimweg.
Der kleine Bär ist glücklich, zufrieden – und müde. Als er in seine Hängematte geklettert ist, schläft er sofort ein.
Im Traum erlebt er noch einmal das tolle Picknick am Wasserfall. Er schmeckt die süßen Beeren, das klebrige Bananenmus, die knusprigen Knabberwurzeln und das frische Obst.

Er träumt von einem Wasserfall aus Honig, von Lianen voller Bananen und von dem großen Jaguar, der zusammen mit Kibri durch den Regenwald fliegt. Busso würde gern noch mehr Abenteuer mit Kibri und seinen Freunden erleben. Aber für immer im Regenwald bleiben möchte er nicht. Ihm ist es viel zu heiß dort. Schließlich ist er ein kleiner Bär, und bei sich zu Hause gefällt es ihm auch sehr gut.

Am nächsten Morgen treffen sich die Freunde zu einem köstlichen Frühstück mit Kokosmilch und Regenwaldplätzchen.
Es ist der letzte Tag von Bussos Aufenthalt im Regenwald. Kibri hat für seinen besten Freund den dicken Regenwaldpiloten mit seinem roten Flugzeug bestellt.

Busso macht es sich im Flugzeugsitz bequem,
da dreht sich auch schon der schwere Propeller der
kleinen Maschine.
Mit der einen Hand winkt Busso zum Abschied,
mit der anderen hält er sich am Flugzeug fest.

Bussos Freunde stehen an der Startbahn und schwenken farbenfrohe Taschentücher.
„Komm uns bald wieder besuchen!" rufen sie ihm zu.
Busso denkt an die schönen Tage im Regenwald und nimmt sich vor, seine Freunde bald zu sich nach Hause einzuladen.

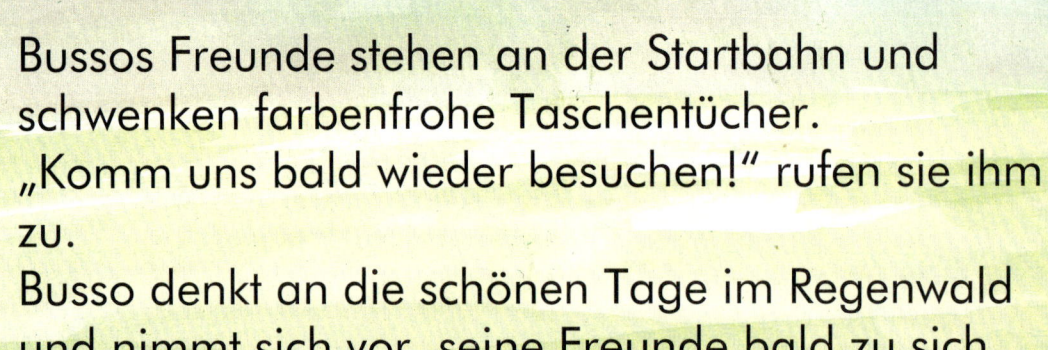